Wolf Thiele

mondes artificiels

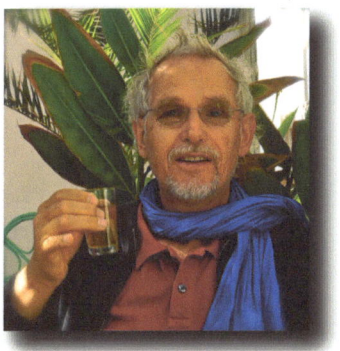

Sommaire - Inhalt

mondes artificiels - Wolf Thiele

künstliche Welten

iPad art toiles et sculptures à ARTemisia-Galerie, Nice

iPad Kunst und Skulpturen ,ARTemisia Galerie , Nizza

L'ARTemisa-Galerie a présenté une exposition assez particulière sous le titre de « mondes virtuels".

Elle est composée de 20 tableaux élaborés sur iPad et imprimés sur toile avec une imprimante laser mais il y aura aussi sur le même thème plusieurs sculptures en acier et bois.

L'artiste Wolf Thiele dit en souriant que ses œuvres sont inspirées par la « vieille école niçoise». Elles sont d'un côté très géométriques mais aussi très poétiques.

On peut classer les œuvres comme peinture constructive géométrique abstraite ou comme «minimal art».

Les oevres sont très colorées, simples et, comme pour l'art minimaliste : « you see what you see ». Tu vois tout ce que tu vois - pas de sens caché à deviner.

L'artiste Wolf Thiele cherche, à travers ses œuvres, un havre de paix dans un monde compliqué et bruyant.

Die Galerie ARTemisa , Nizza hat eine ganz besondere Ausstellung präsentiert:

Die etwa 20 ausgestellten Bilder und Skulpturen sind als iPad Kunst geschaffen und per Laserprinter auf Leinen gedruckt oder aus Stahl per Laserstrahlen geschnitten.

Die Werke des Künstlers Wolf Thiele- alte Nizzaer Schule, wie er augenzwinkernd erklärt - sind zum Teil streng geometrisch zum Teil sehr poetisch, besinnlich. Man kann die Werke der abstrakten geometrisch konstruktiven Malerei zuordnen oder aber der minimal art.

Die Arbeiten sind sehr farbig, einfach und - nach einem Ausspruch der minimal art „ you see what you see" - es ist genau das, was Du siehst. Darin ist kein bedeutungsschwerer Inhalt versteckt.
Seine Idee ist es, mit diesen Arbeiten einen Ruhepool zu unserer komplizierten, lauten Welt zu schaffen.

Ulli Gardies la Présidente d'ARTemisia-Galerie

Œuvres exposées - ausgestellte Werke

Toutes les toiles sont imprimées avec laser de neuf couleurs sur
toile et cadrées en bois.

Alle Bilder sind mit neunfarbigem Laserdrucker auf traditionelle
Leinwand erzeugt und auf Holzrahmen aufgezogen.

La plaine voilée - die besegelte Ebene
75 x 68 cm

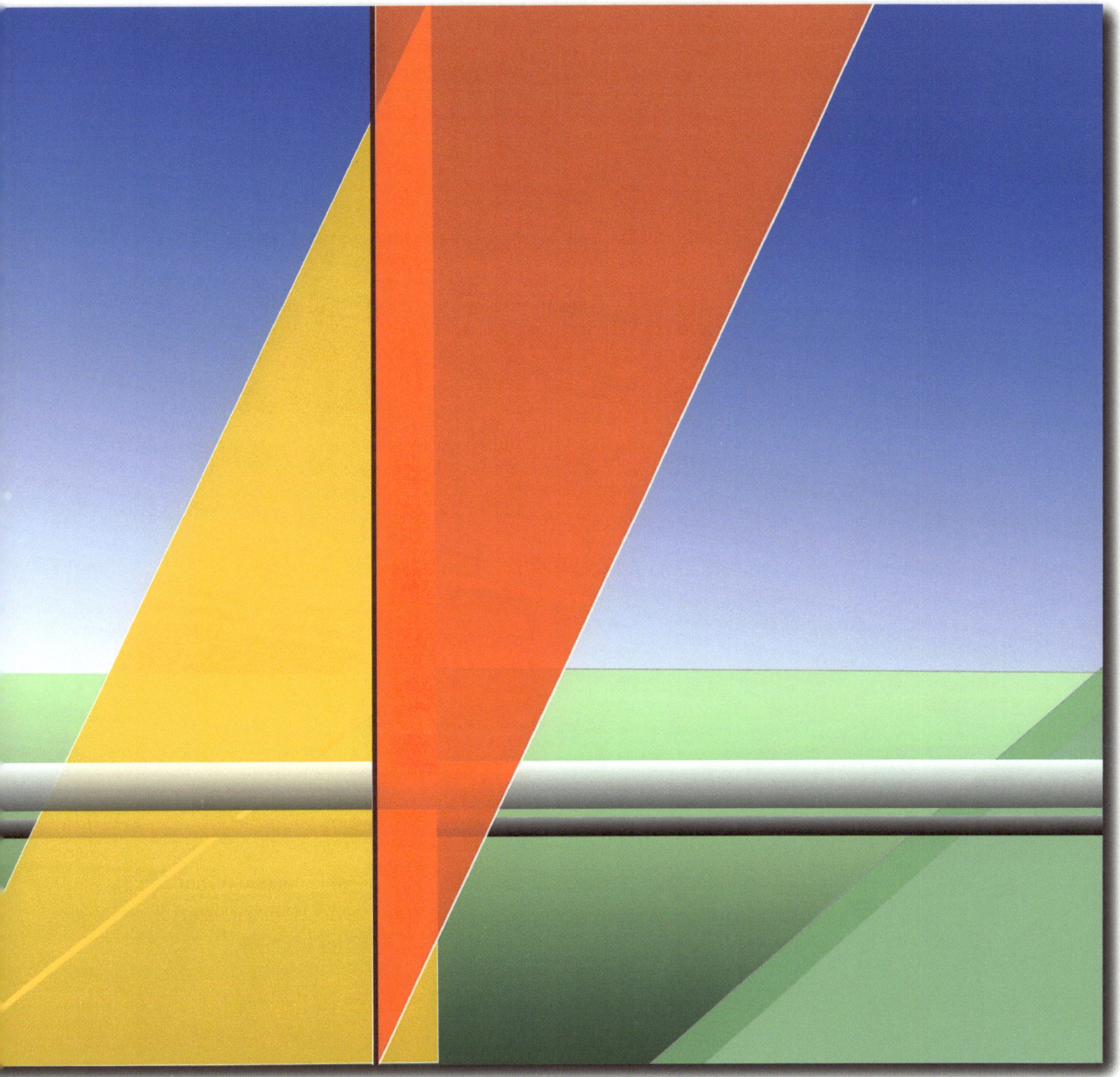

Voile cachée à l'horizon
- am Horizont verstecktes Segel
68 x 69 cm

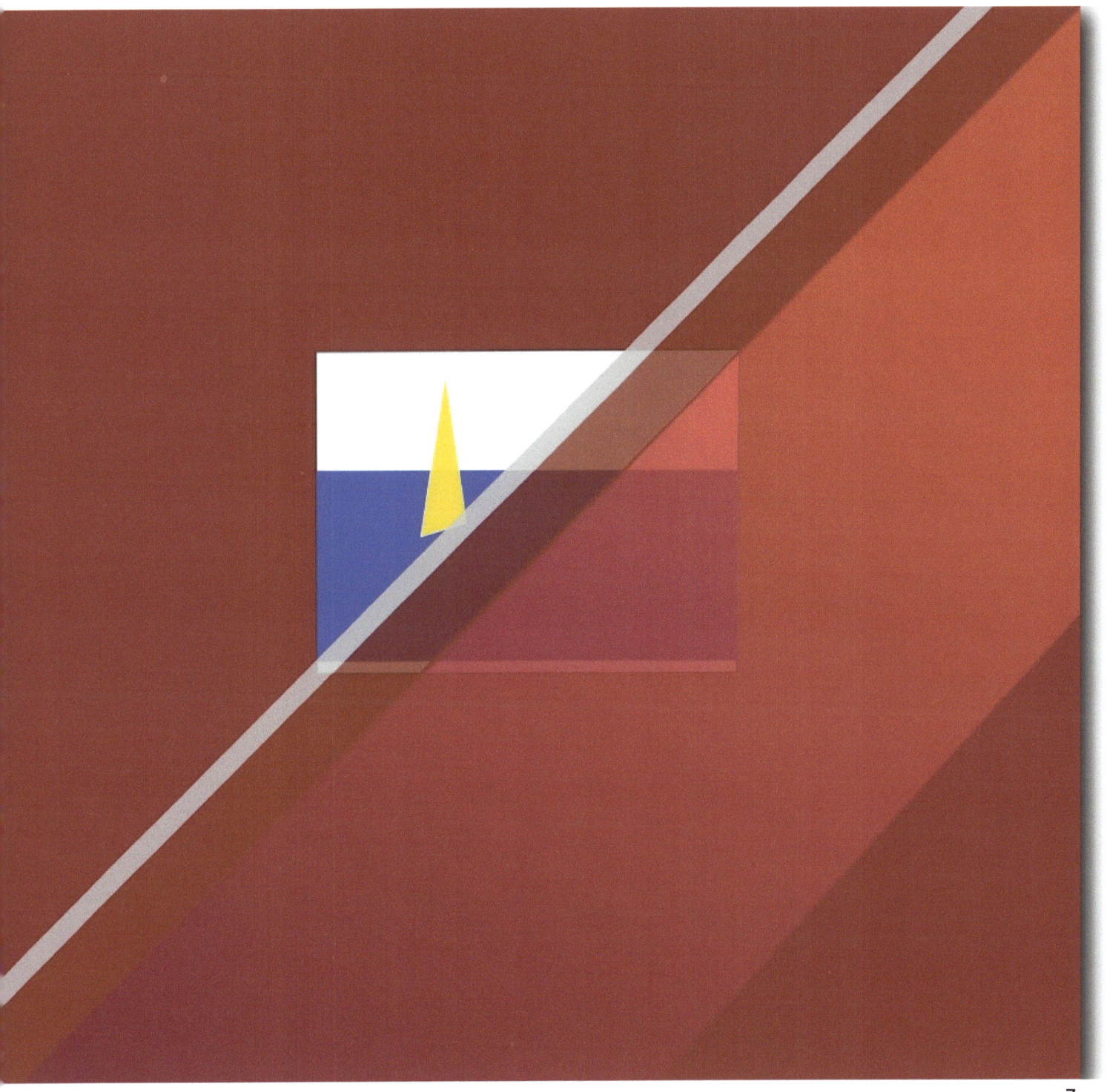

Les trois collines rouges
- die drei roten Hügel
60 x 80 cm

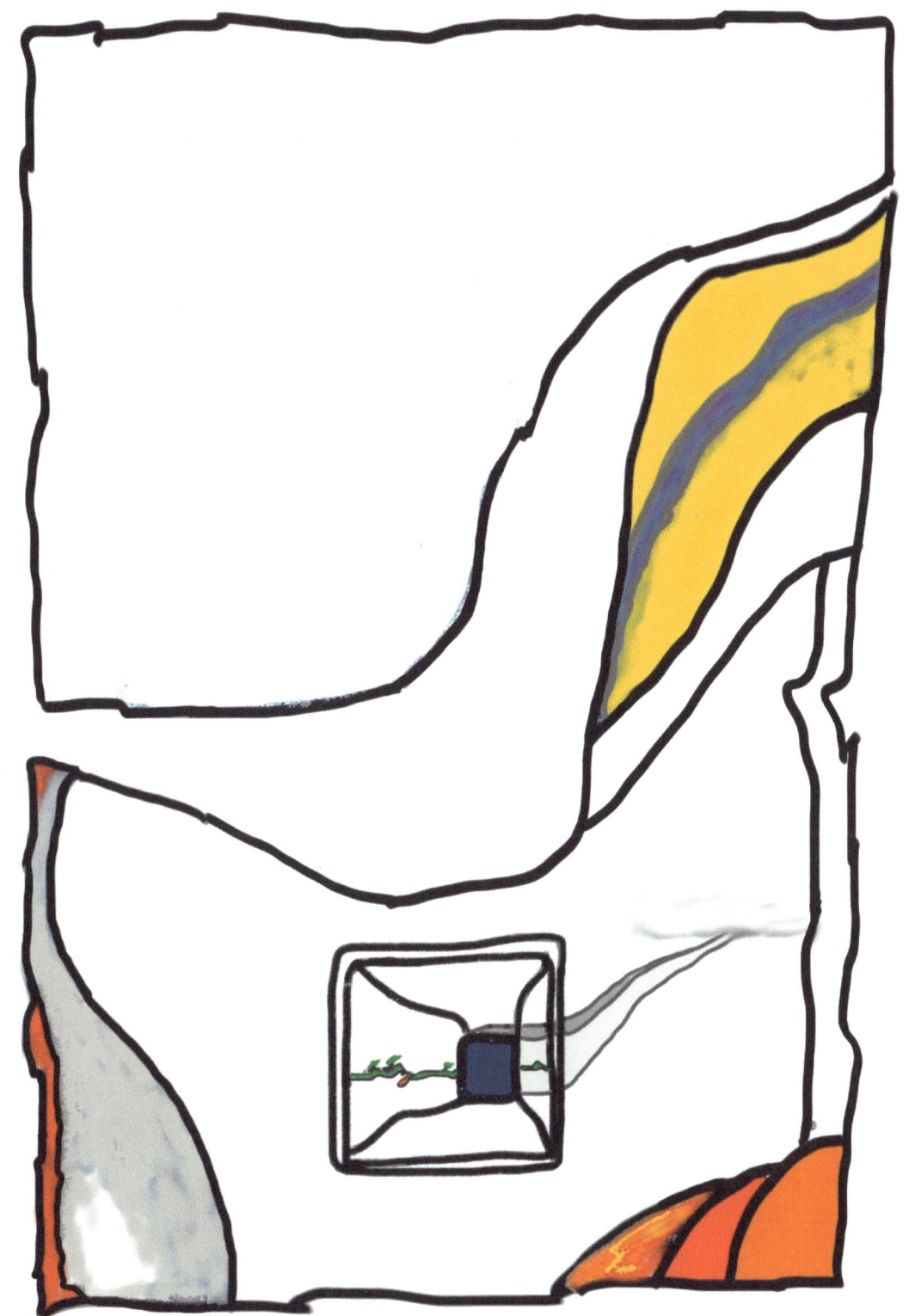

Palais de verre   - Glaspalast
79 x 63 cm

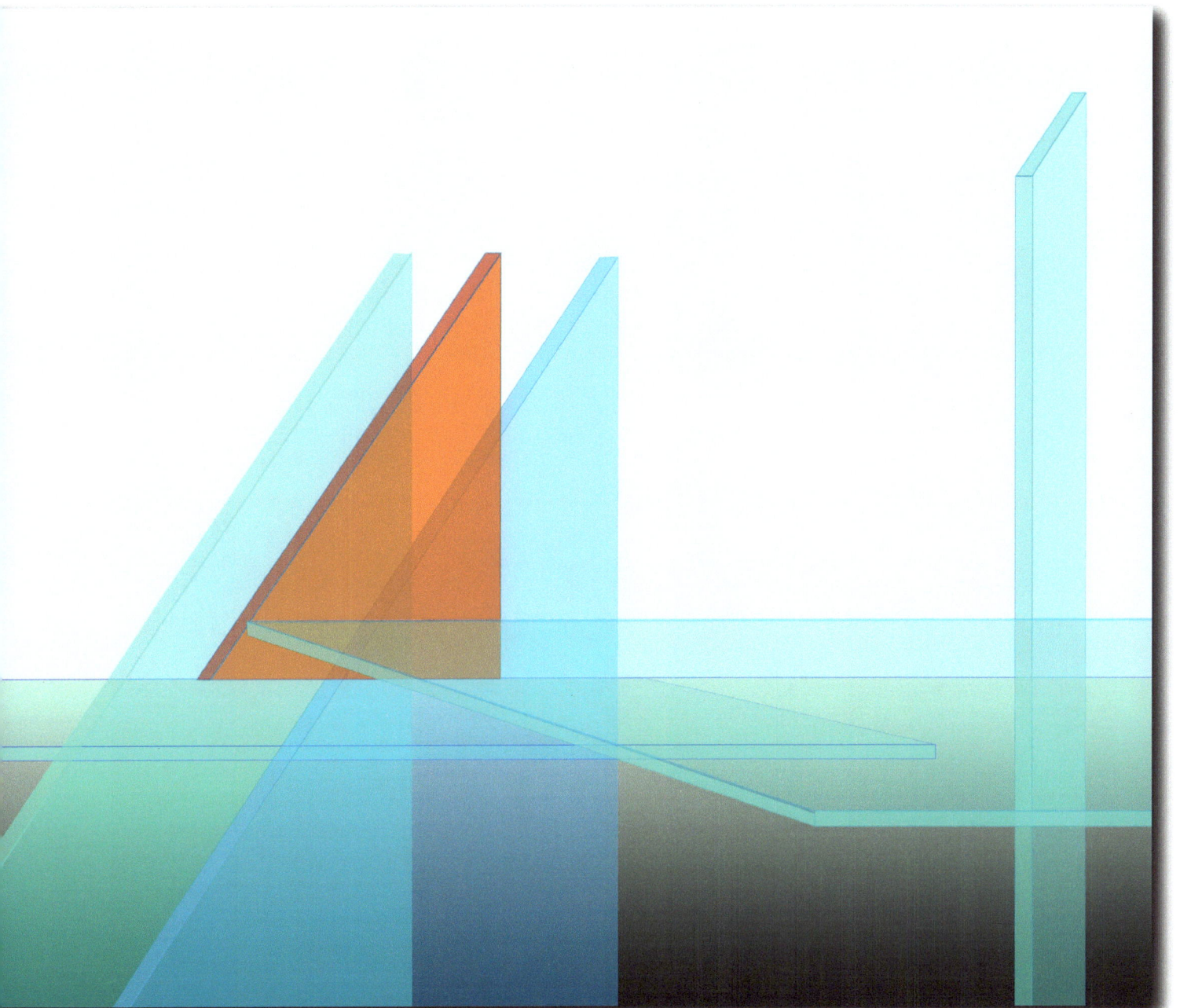

Belle femme dans Palais de Verre
- schöne Frau im Glaspalast
74 x 68 cm

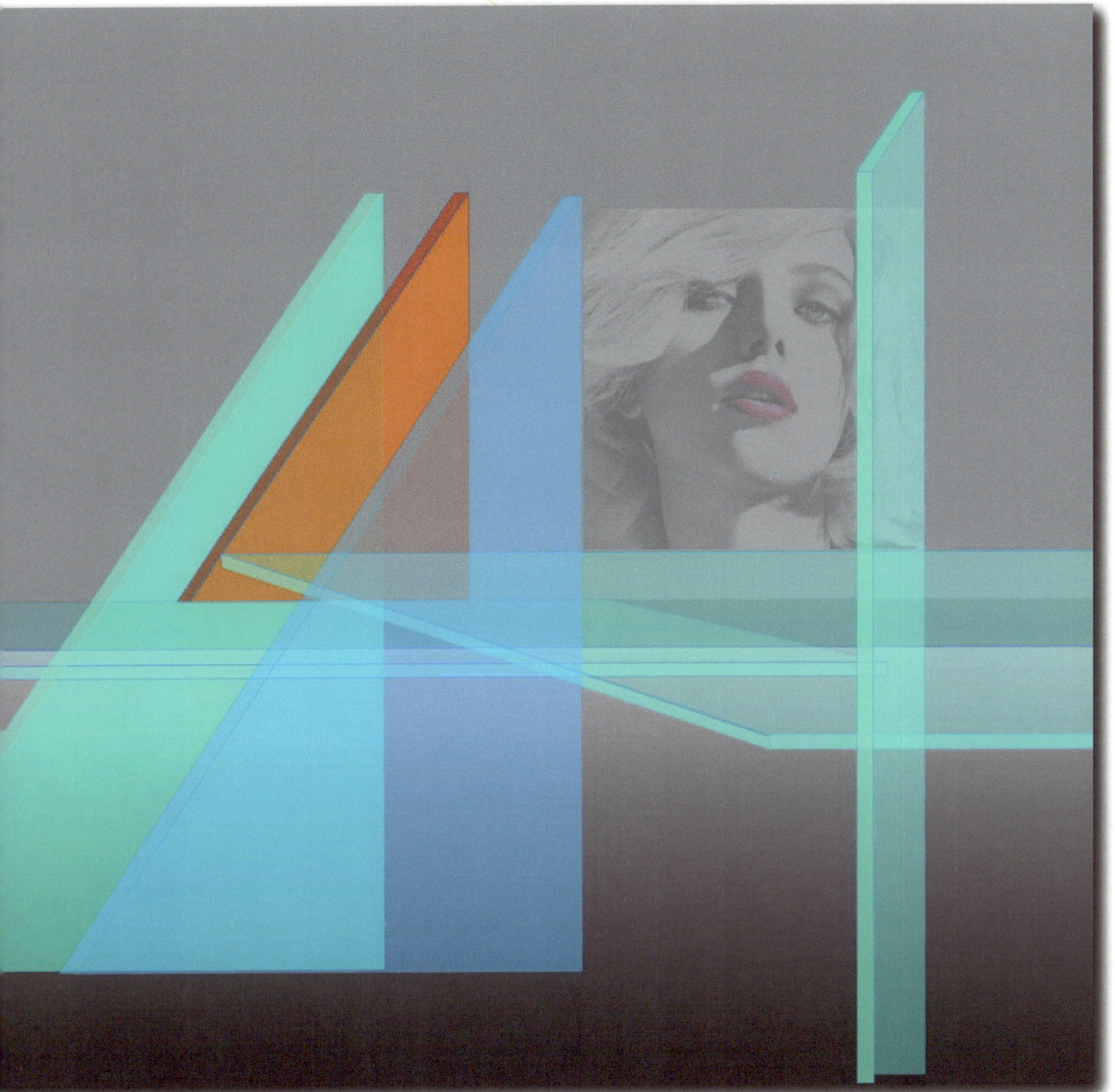

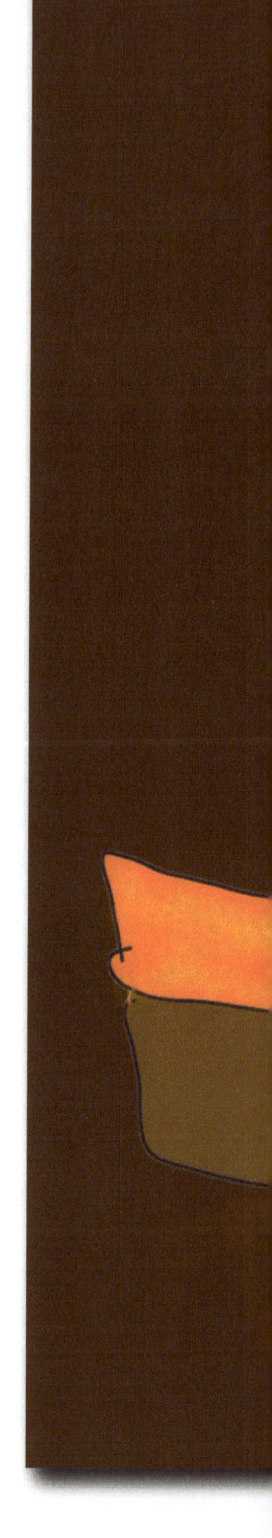

Palais d'été - Sommerpalast
hommage à Rudolf
79 x 59 cm

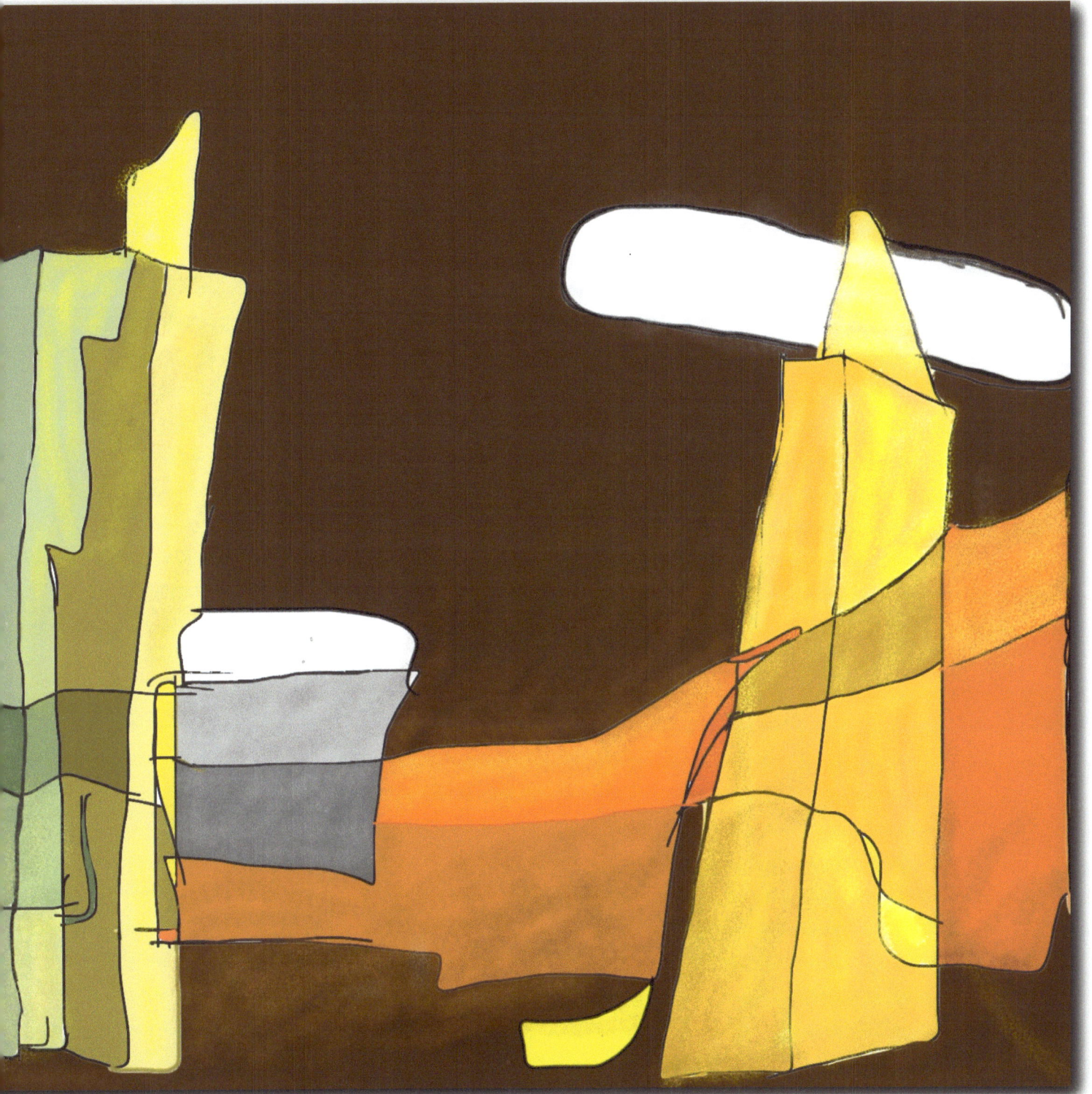

Un drôle de bikini   - ein lustiger Bikini
80 x 60 cm

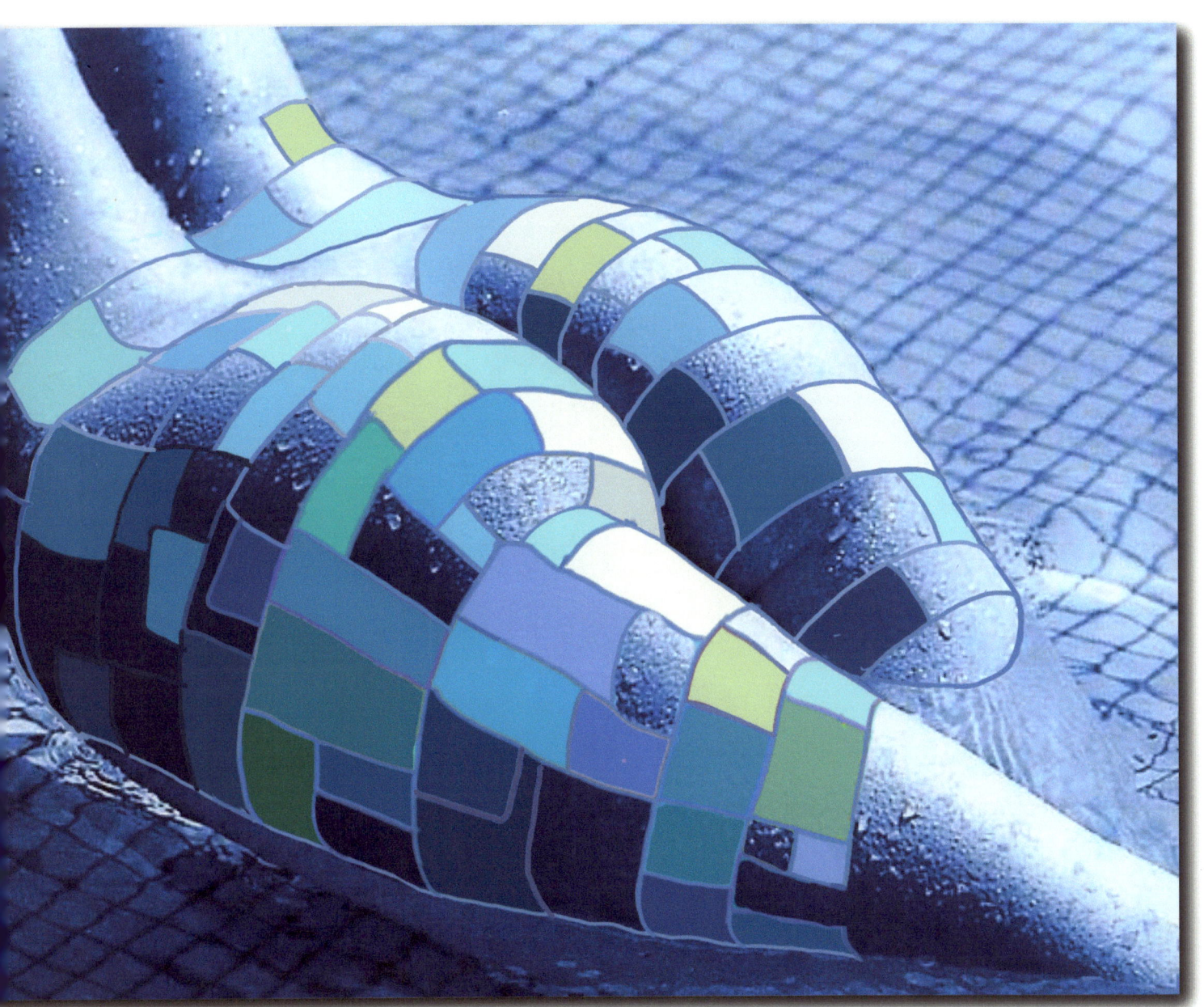

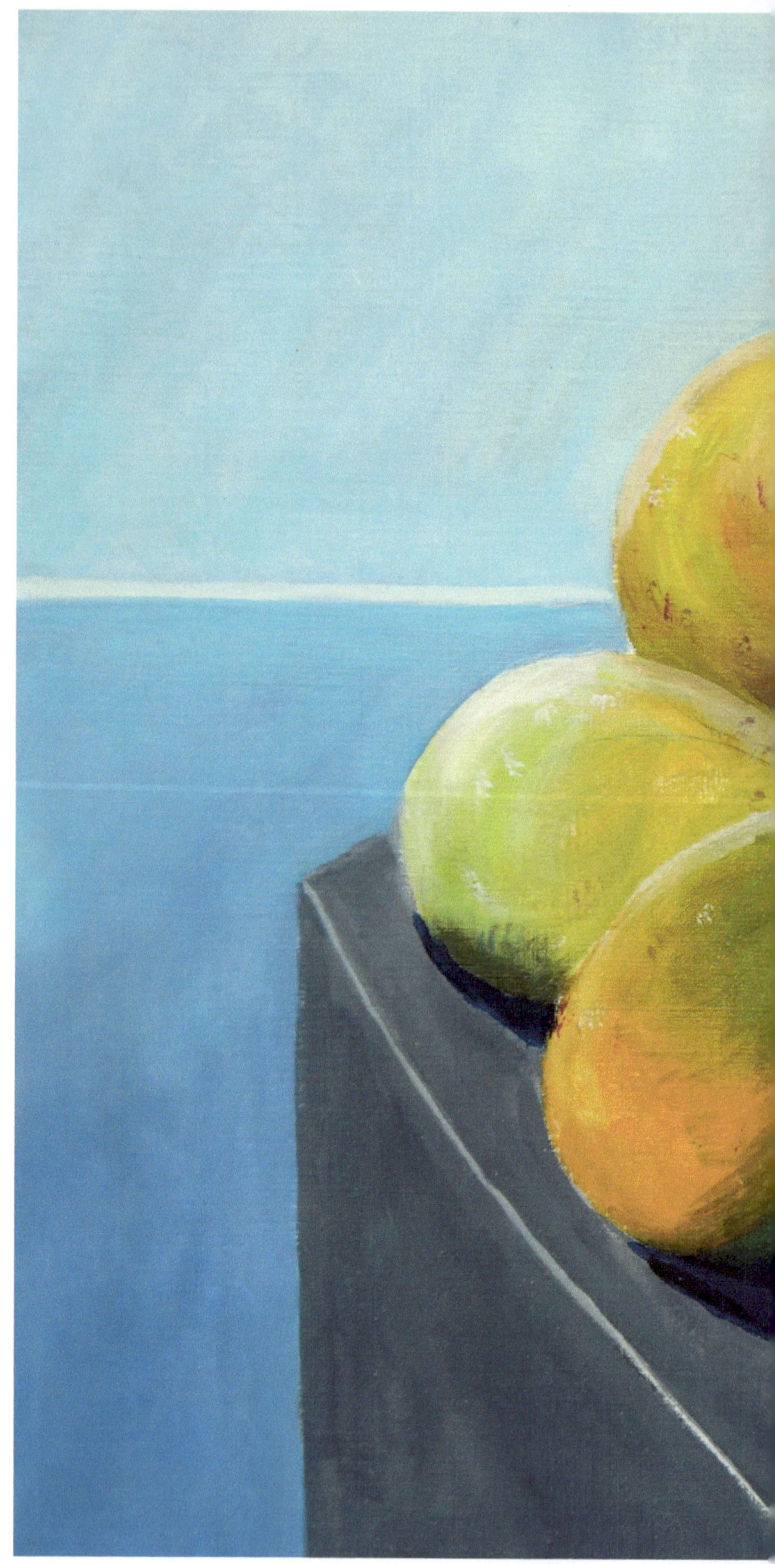

Des fruits inconnues à la Côte d'Azur
- unbekannte Früchte

huile sur papier toile sur bois
- Öl auf Papier auf Holz
 30 x40 cm

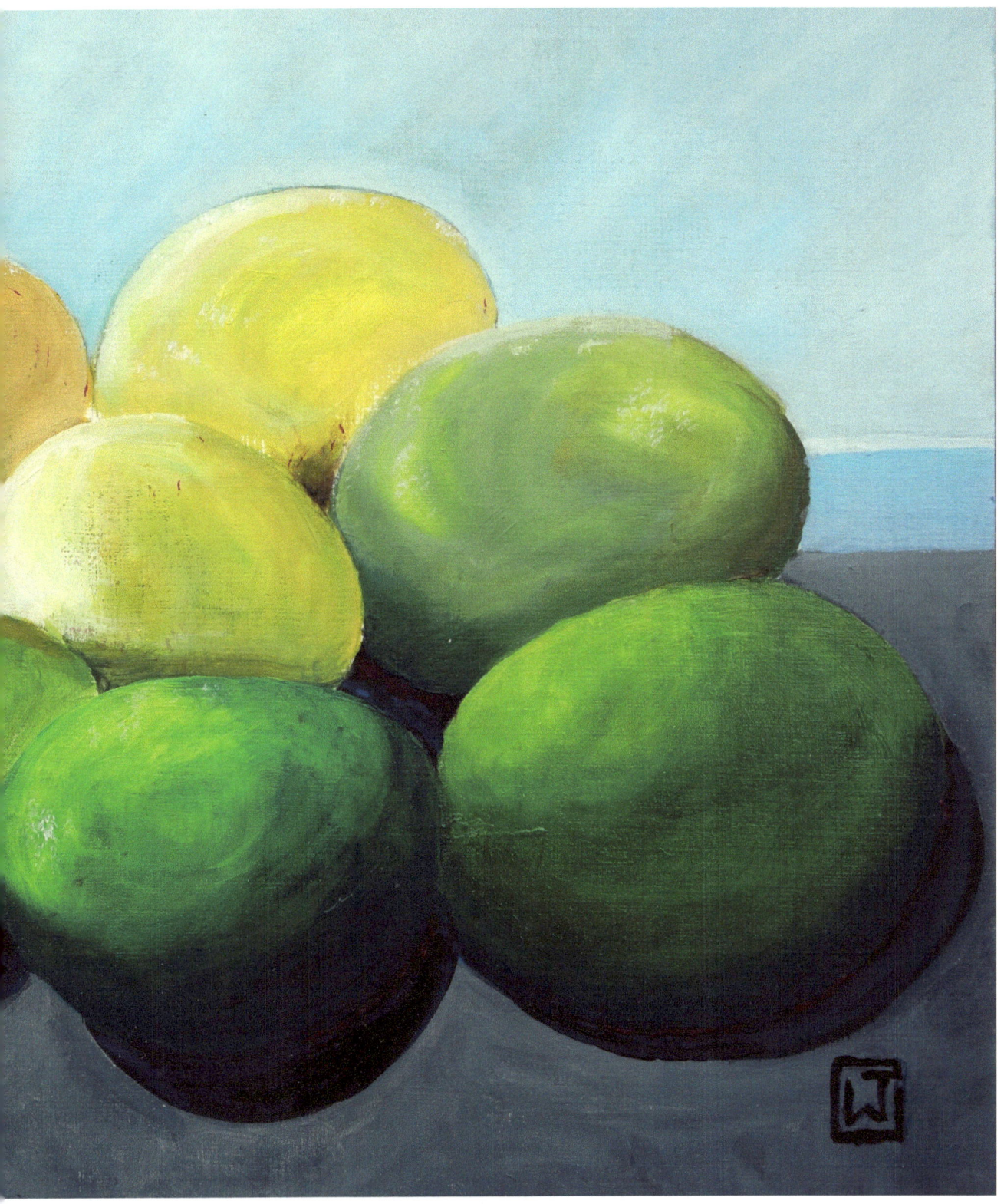

19

Des fruits sous verres
- Früchte unter Glas

collage numérique avec une photo
- digitale Kollage mit Foto des Ölbildes
  79 x 55 cm

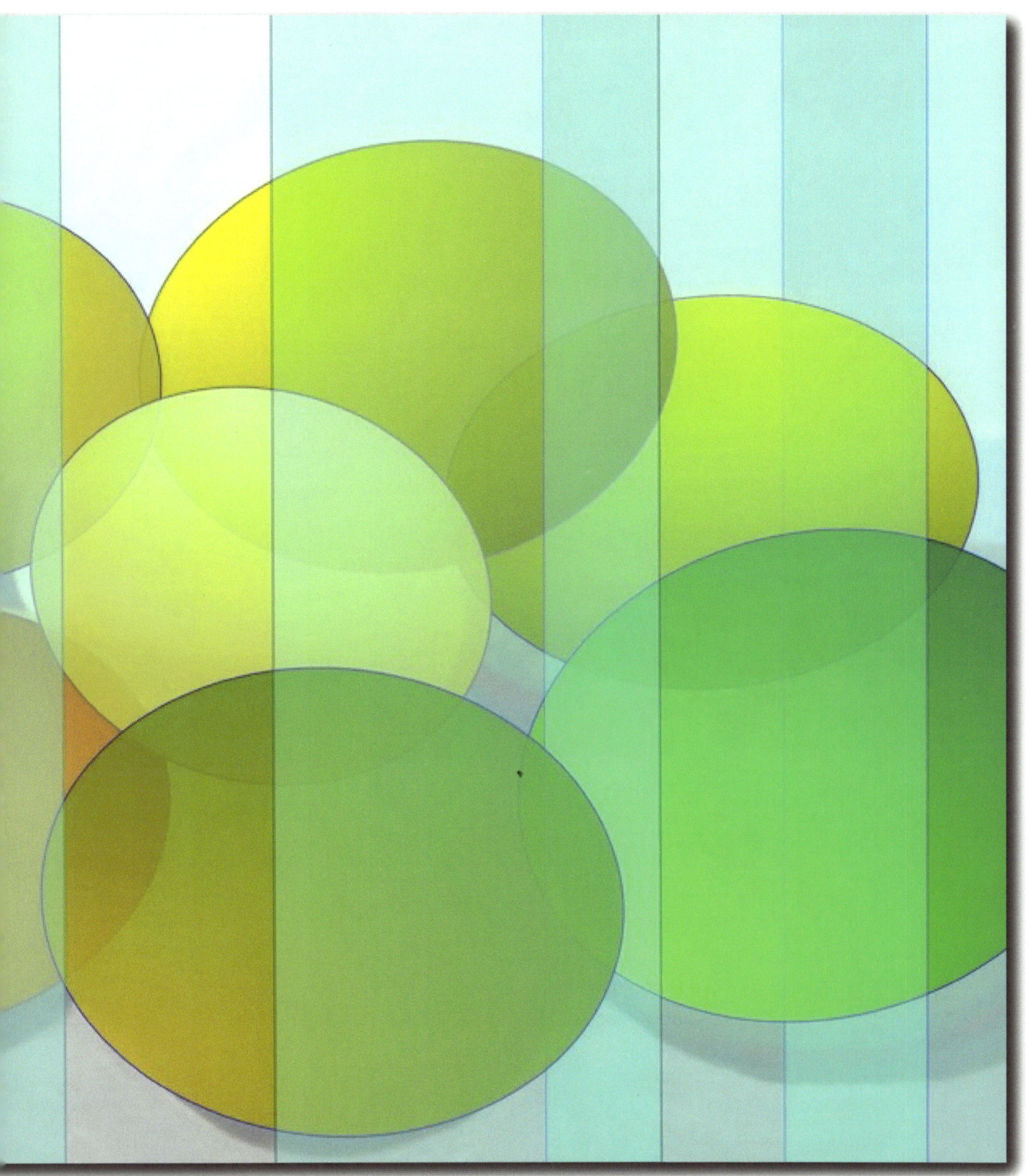

Des fruits insolés
- sonnige Früchte

collage numérique avec une photo
- digitale Kollage mit Foto des Ölbildes
  79 x 55 cm

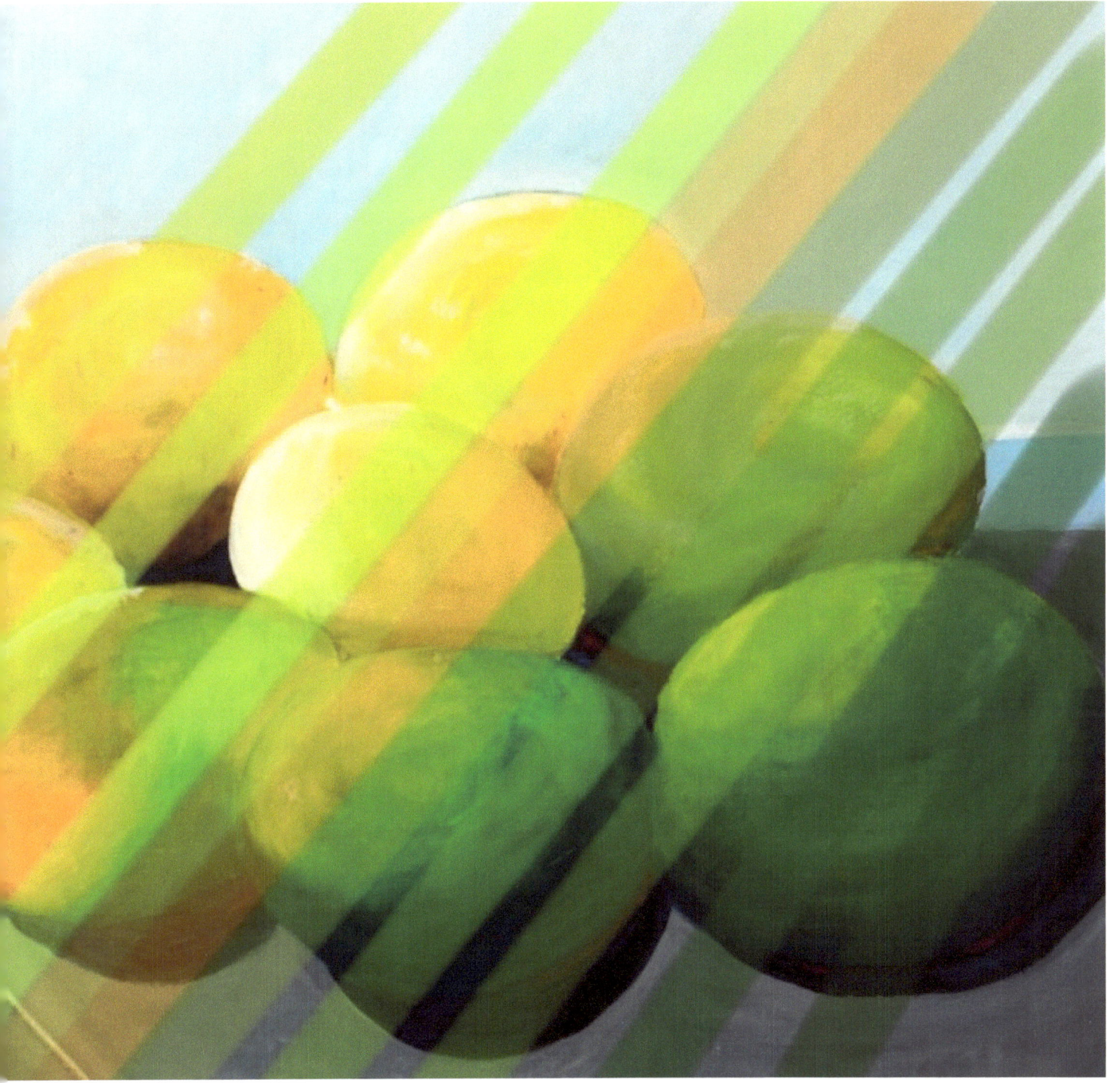

Gréement paumé au large
- nackte Takelage auf hoher See
77 x 77 cm

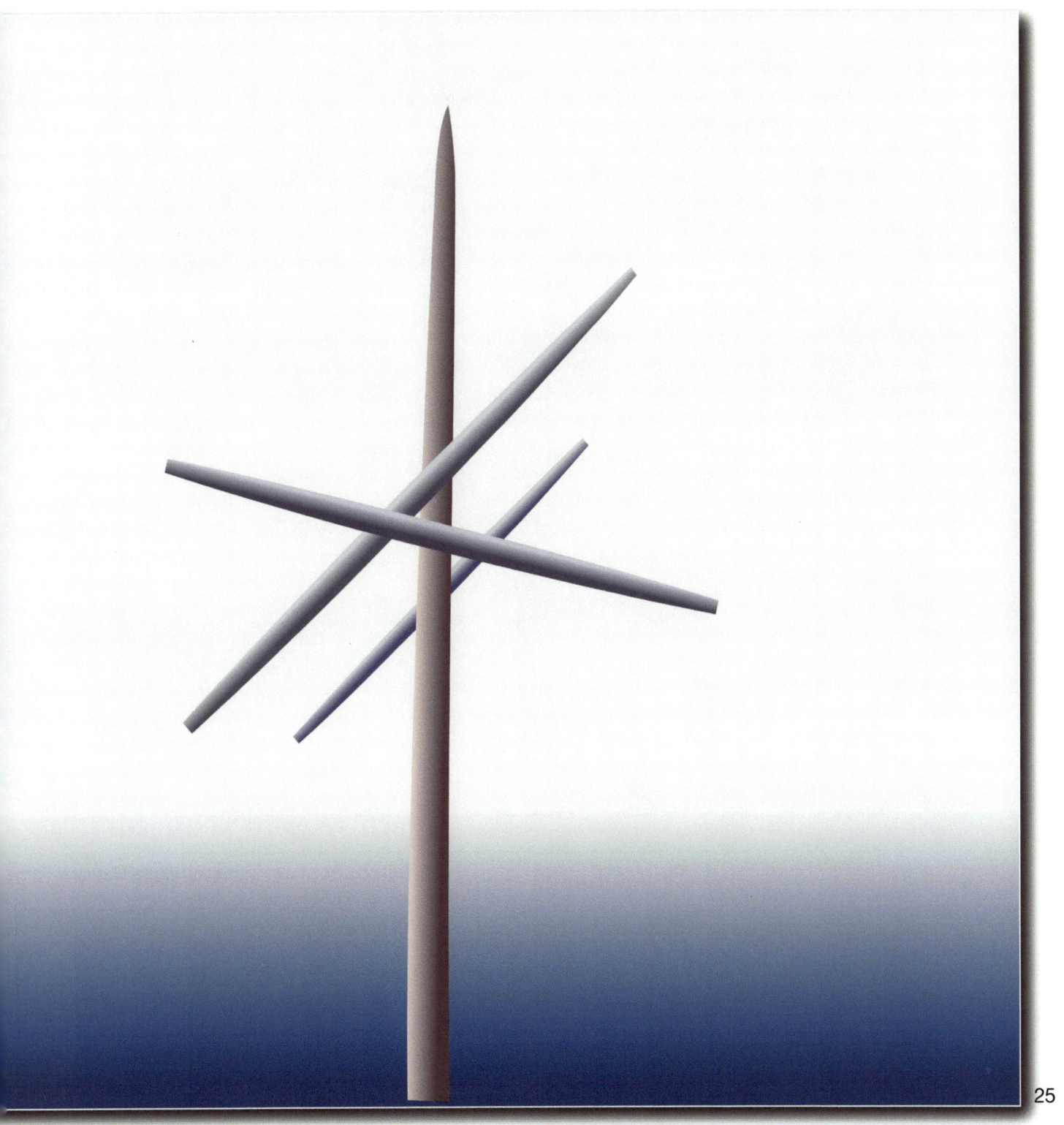

25

Grillage obscure - merkwürdiges Gitter

80 x 80 cm

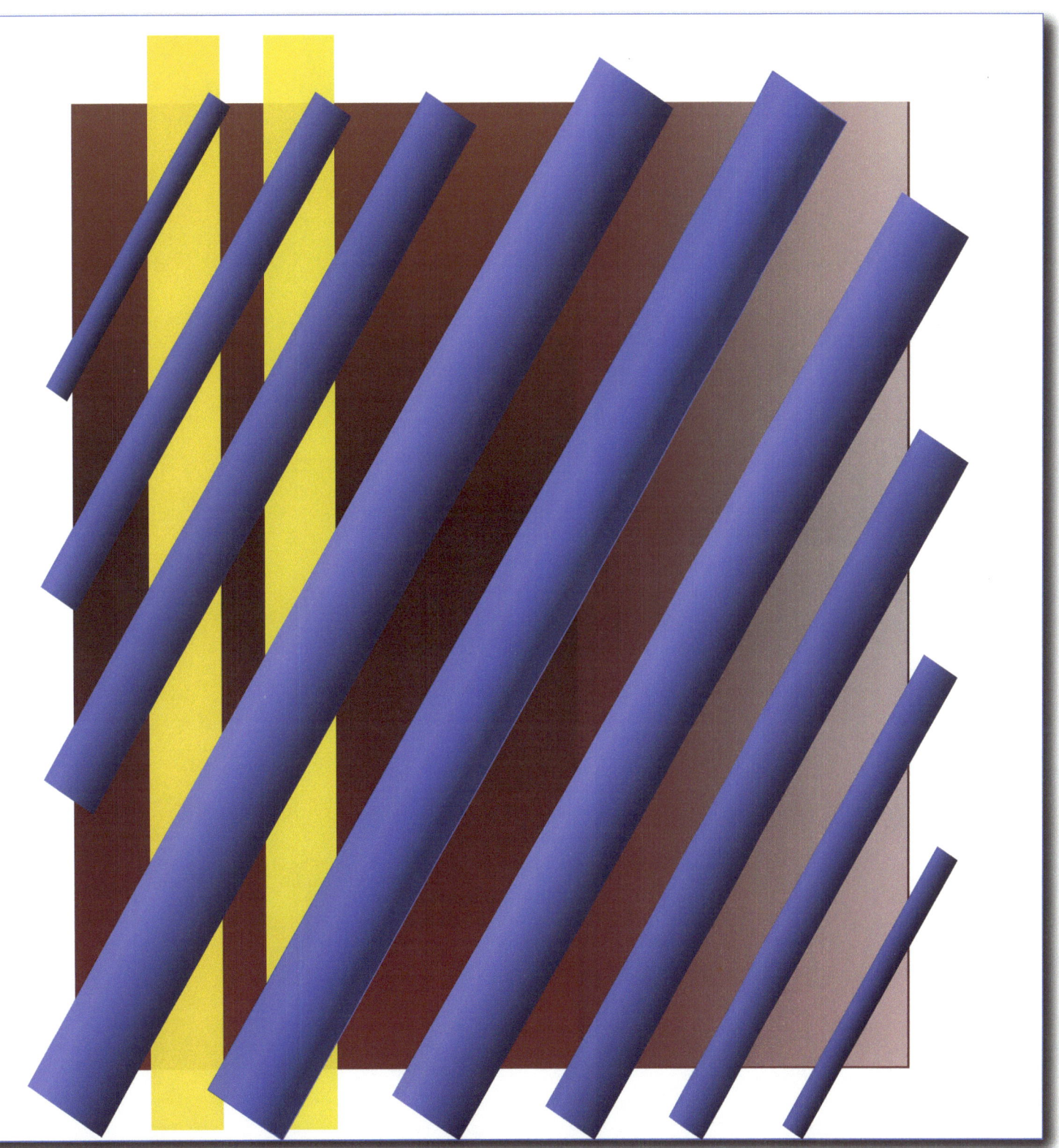

Vol spatial bleu - blauer Raumflug

80 x 64 cm

Hommes dans espace ouvert
- Menschen im offenen Raum
55 x 80 cm

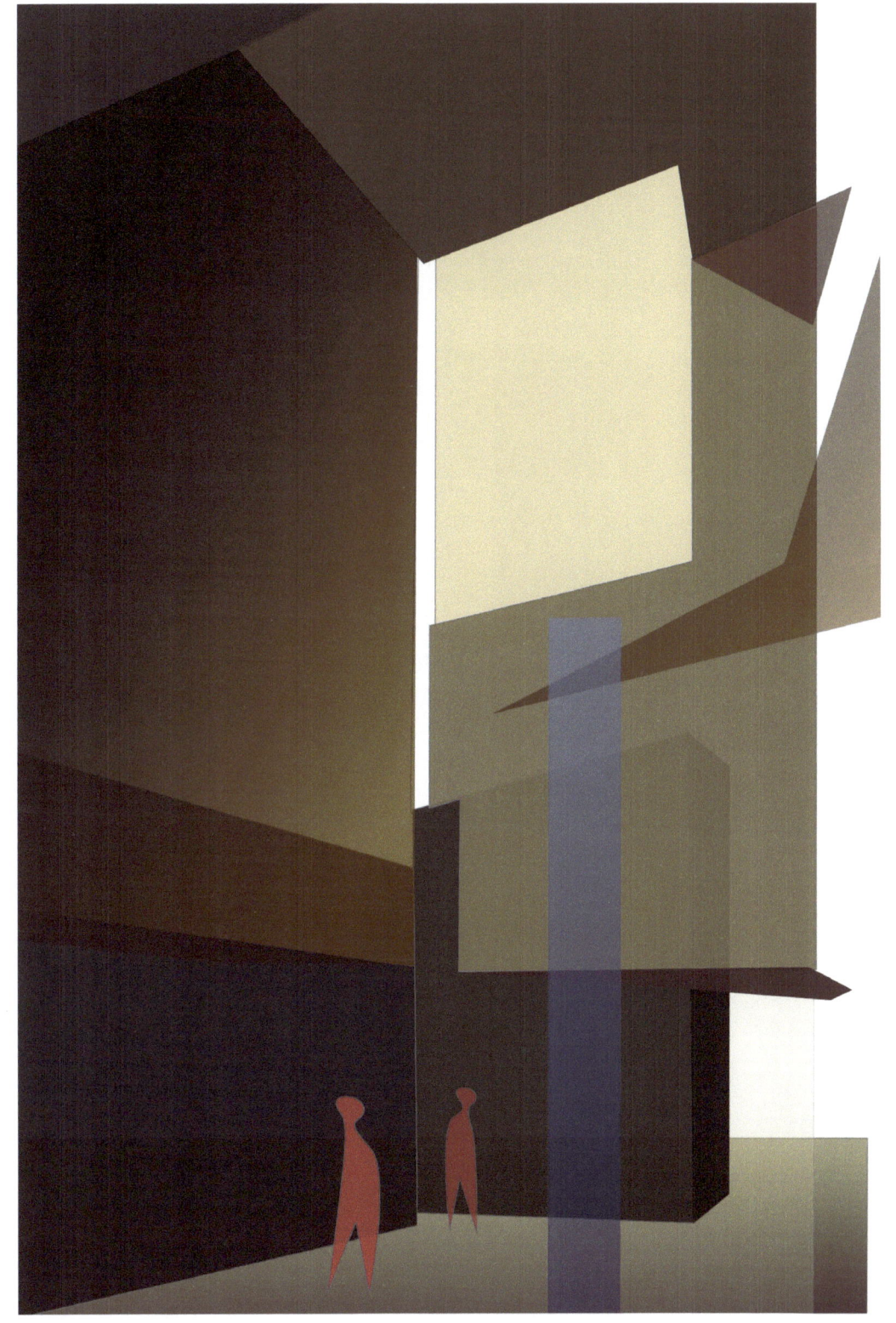

31

take me to the sky
Nice dreams

59 x 70 cm

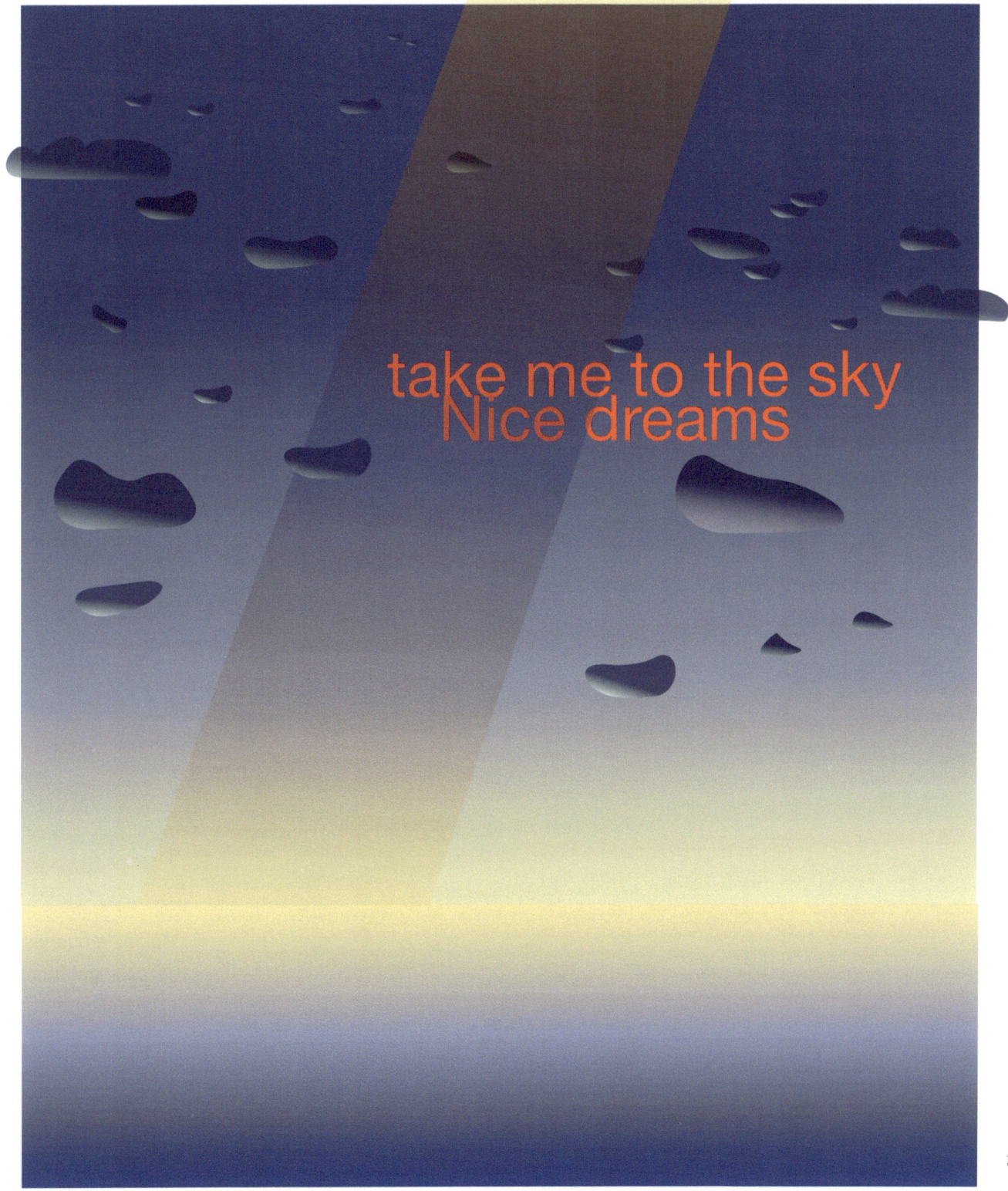

take me to the sky
Nice dreams

Mêlée de nuages
- Wolkengetümmel
70x70 cm

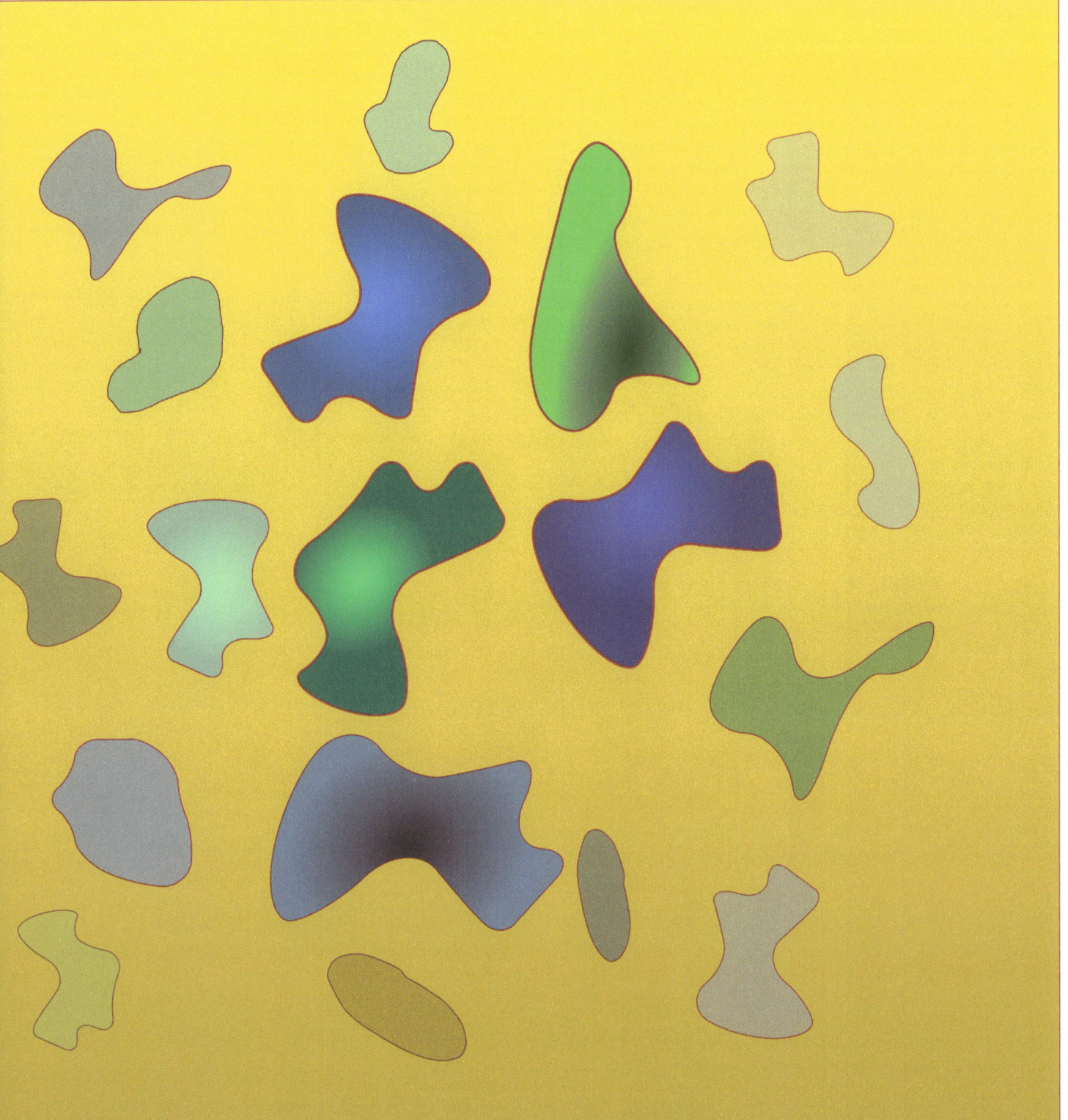

Rythmes et couleurs
- Rhythmus und Farben

huile et sable sur toile
- Ölfarbe und Sand auf Leinen

60 x 80 cm

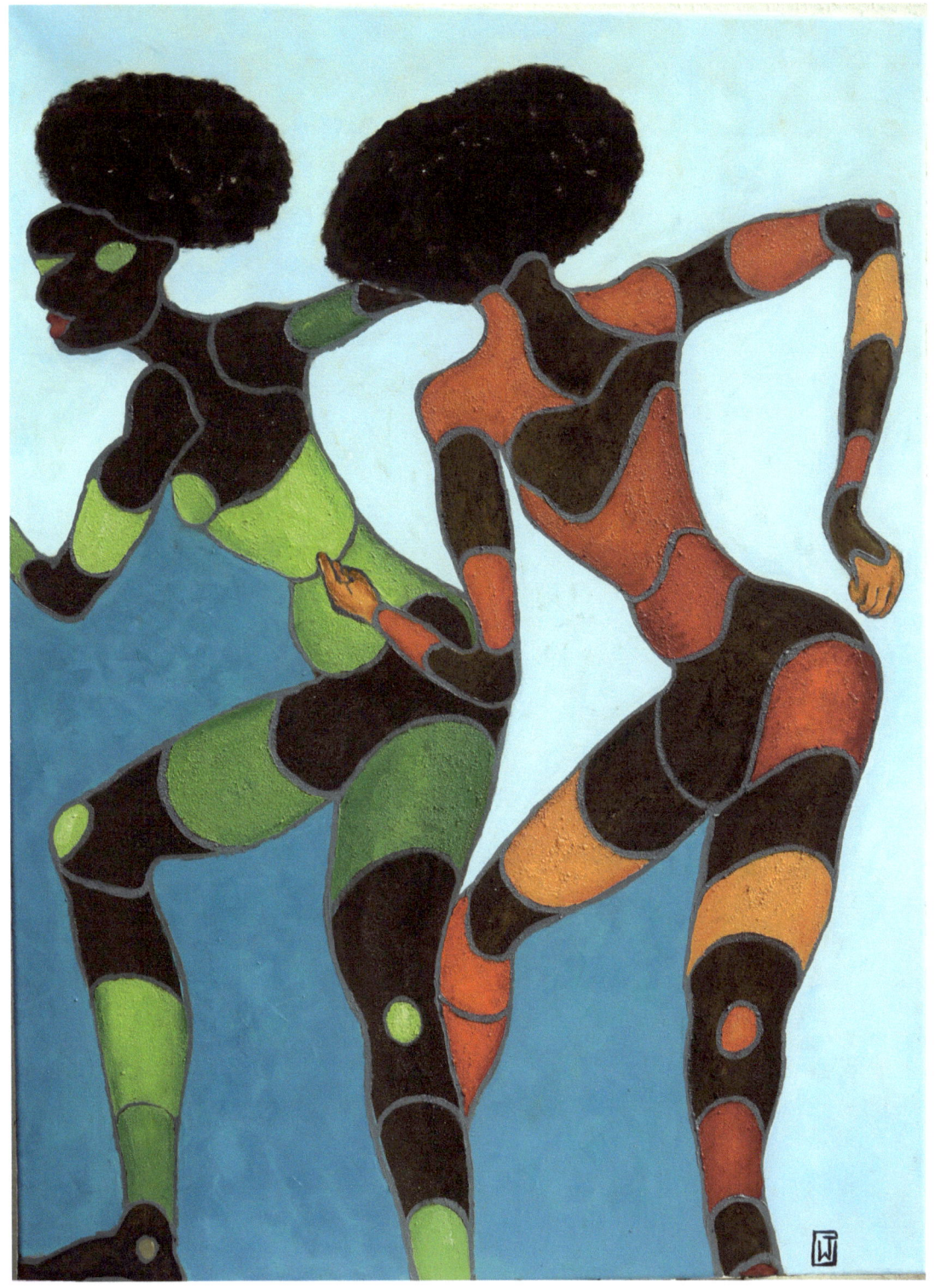

Sculptures - Skulpturen

Canardophant
- Elefantenente

tôle de fer laqué
- lackierter Stahl 5 mm
 125 x 88 x 18 cm

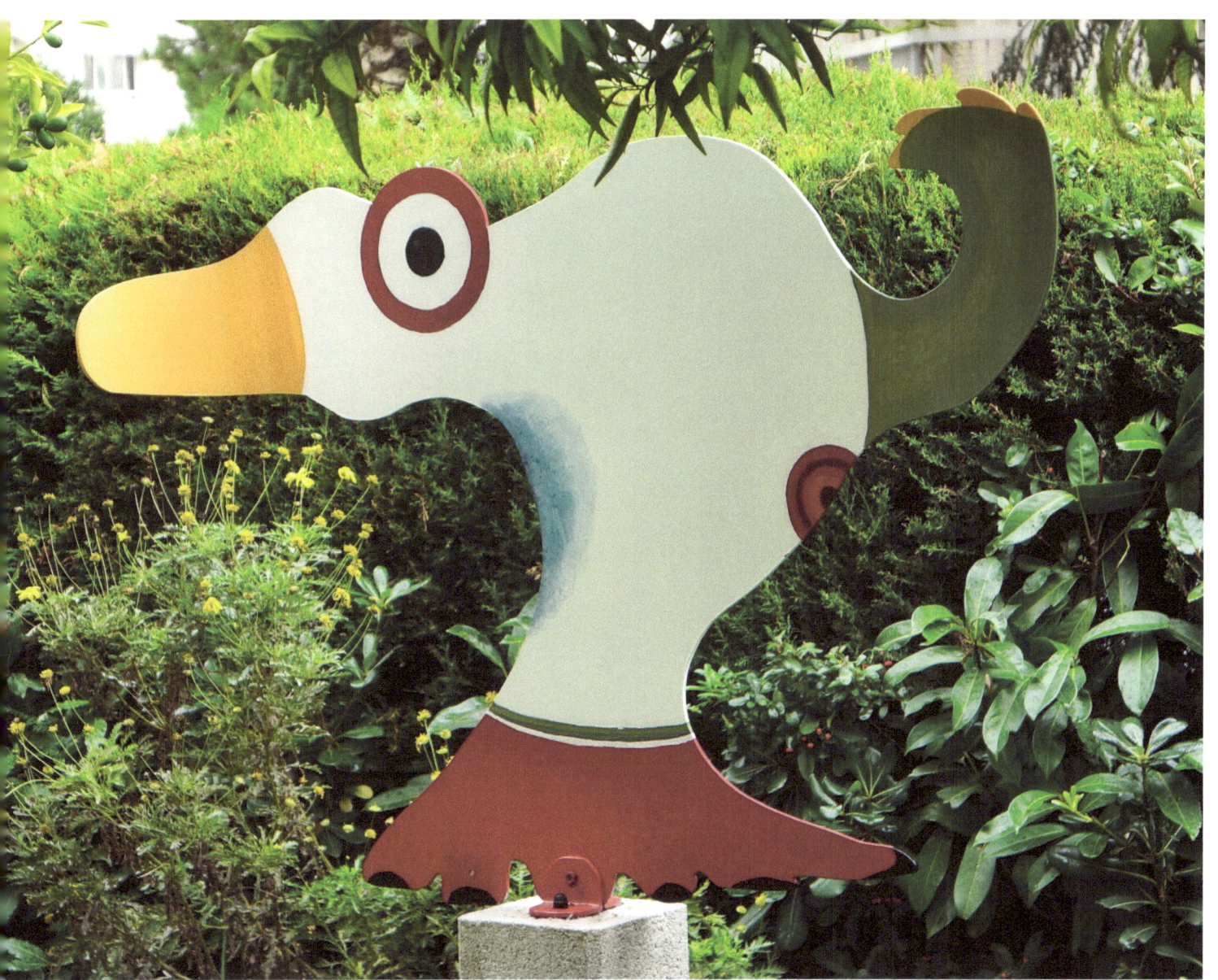

Les tours circulaires
- gedrehte Türme

maquette 30 cm

réalisation en acier, laquée
250 cm

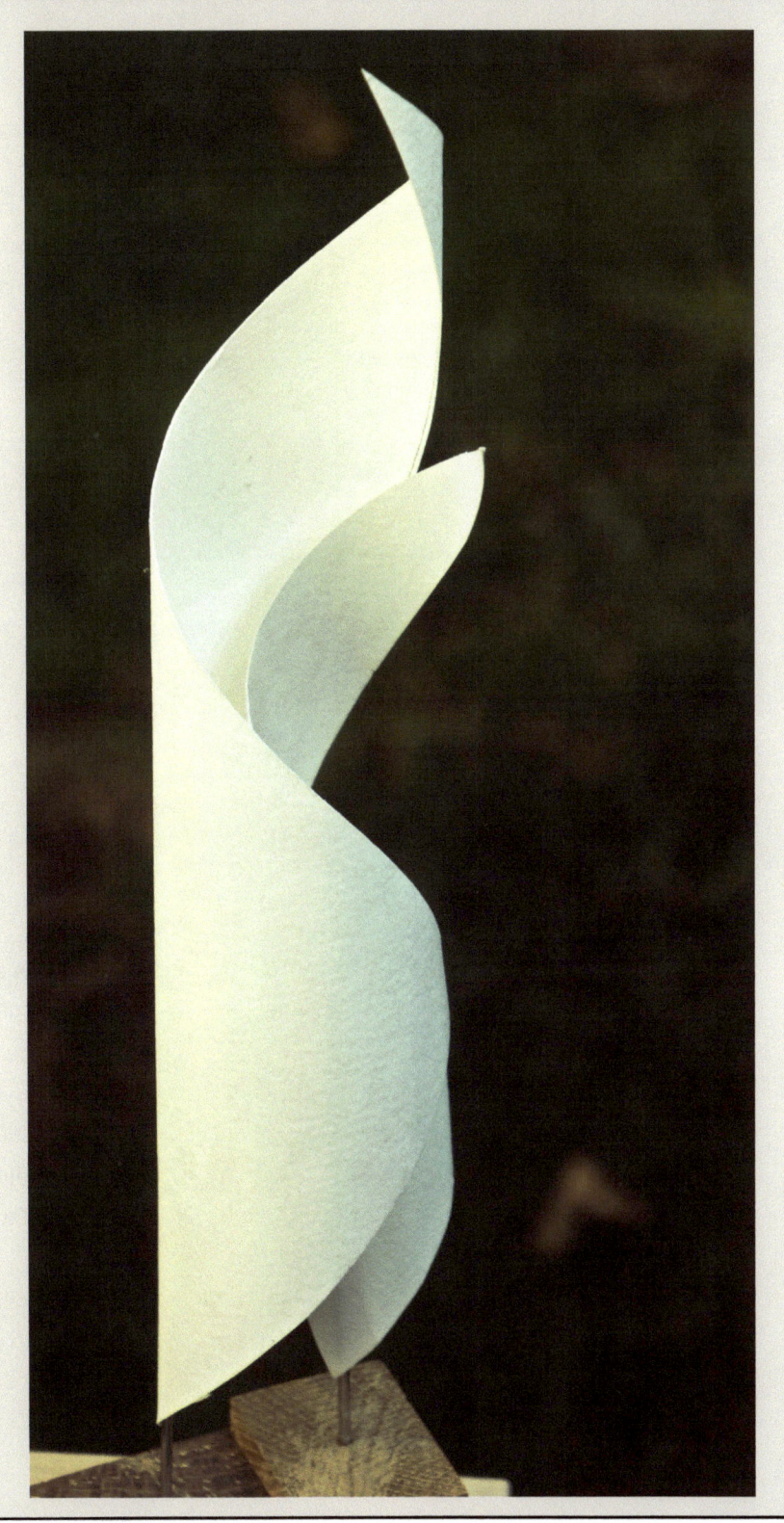

41

Ailes des anges
- Engelsflügel
maquette 60 cm

réalisation en tôle d'acier laquée
-Realisation in lackiertem Stahl
  250x 60 x 18 cm

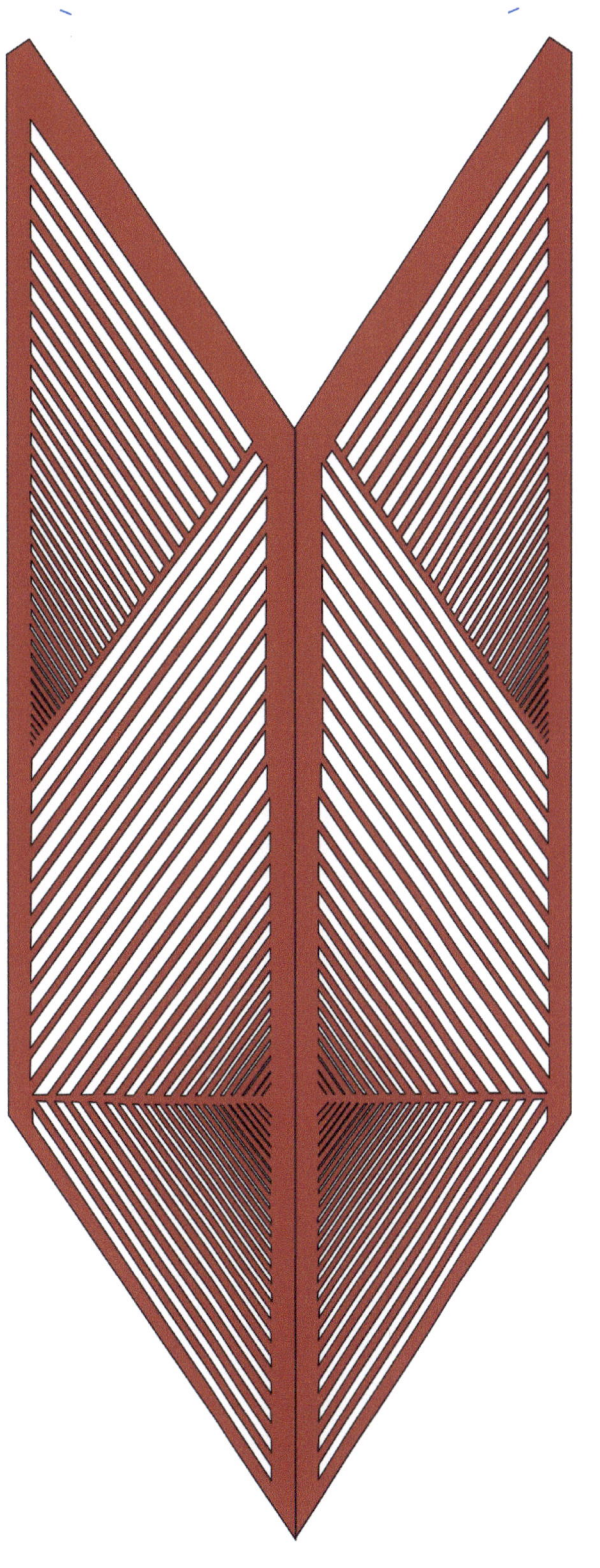

Contre le vent
- gegen den Wind

tôle d'acier courbée, rouillée
- rostiger gekrümmter Stahl

180 x 135 x 20cm

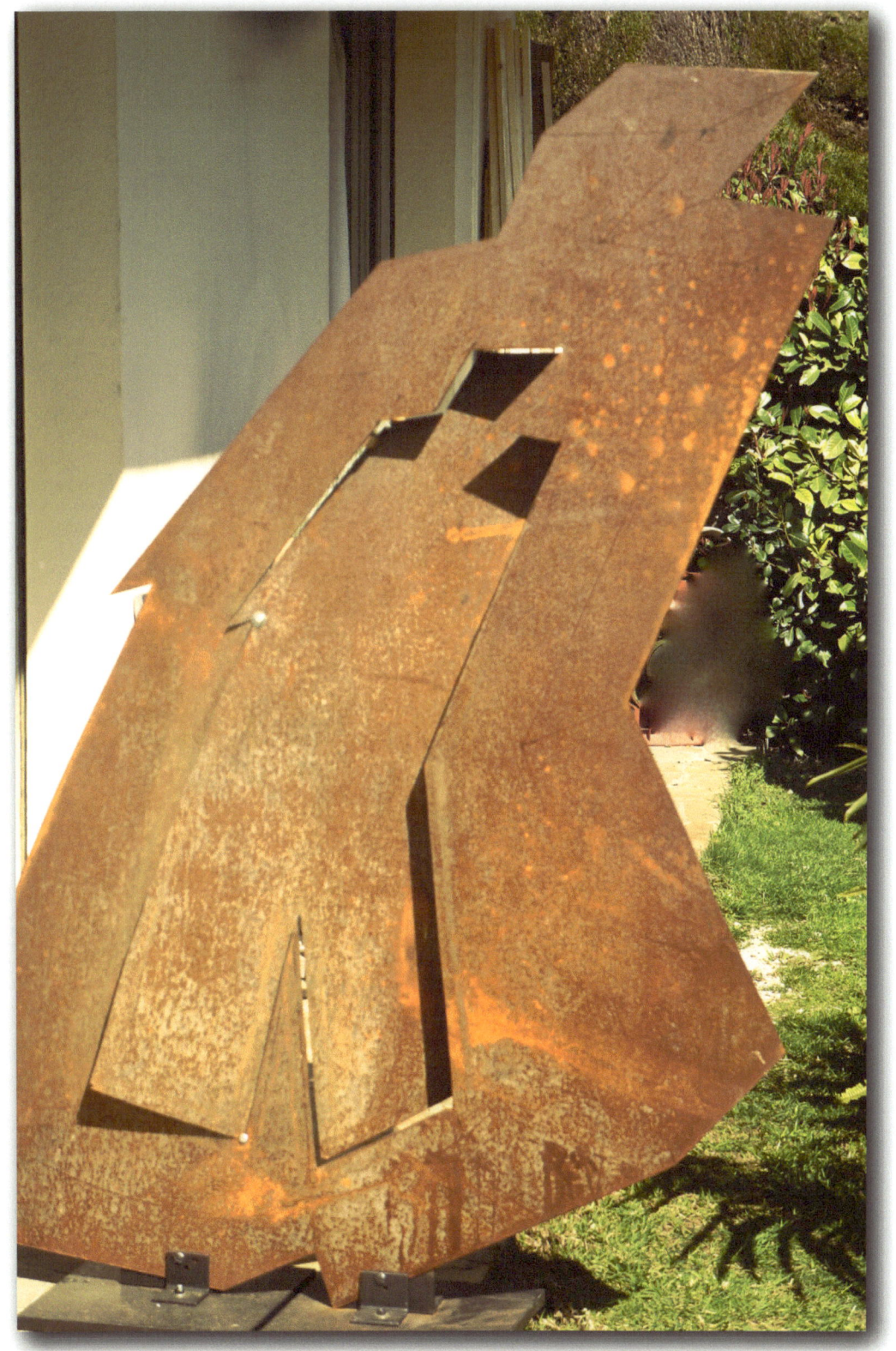

Je me déprisonne de l'ombre
- ich entfliehe dem Gefängsnis

maquette 50 cm
realisation en cuivre sur socle de pierre
170 cm

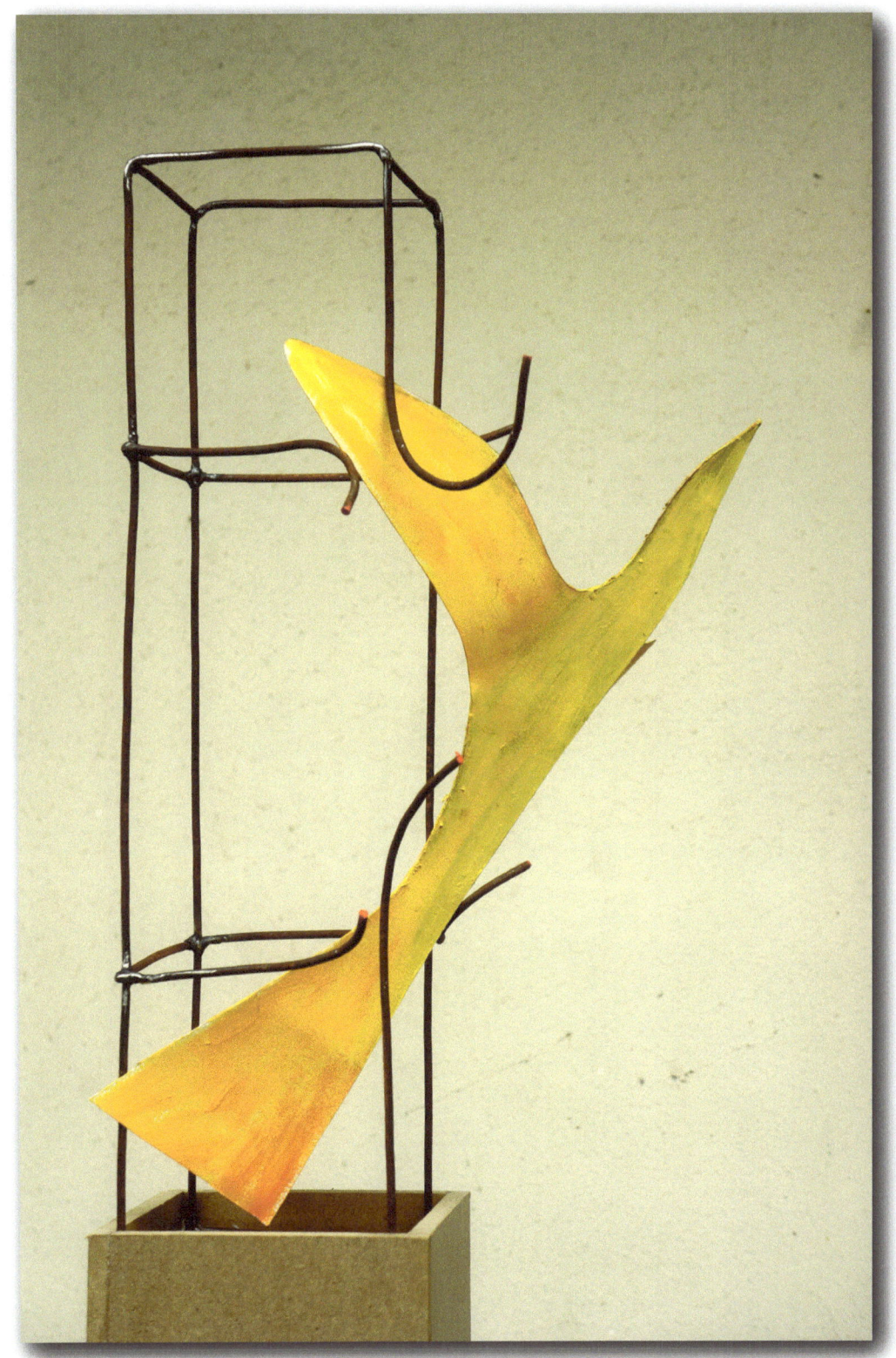

Affiche -Plakat

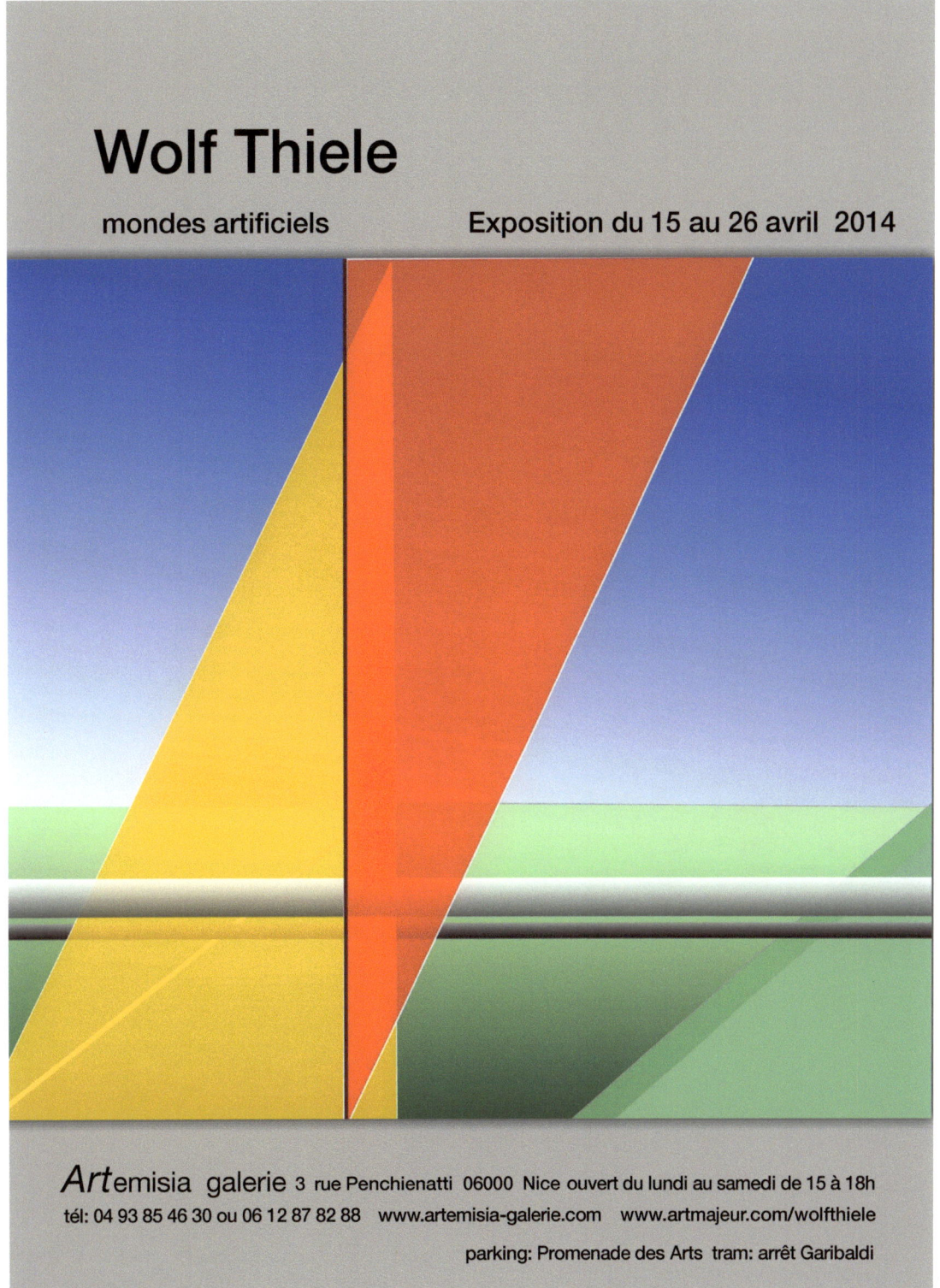

Wolf Thiele

mondes artificiels   Exposition du 15 au 26 avril 2014

*Art*emisia galerie 3 rue Penchienatti 06000 Nice ouvert du lundi au samedi de 15 à 18h
tél: 04 93 85 46 30 ou 06 12 87 82 88   www.artemisia-galerie.com   www.artmajeur.com/wolfthiele

parking: Promenade des Arts tram: arrêt Garibaldi

Invitation - Einladung

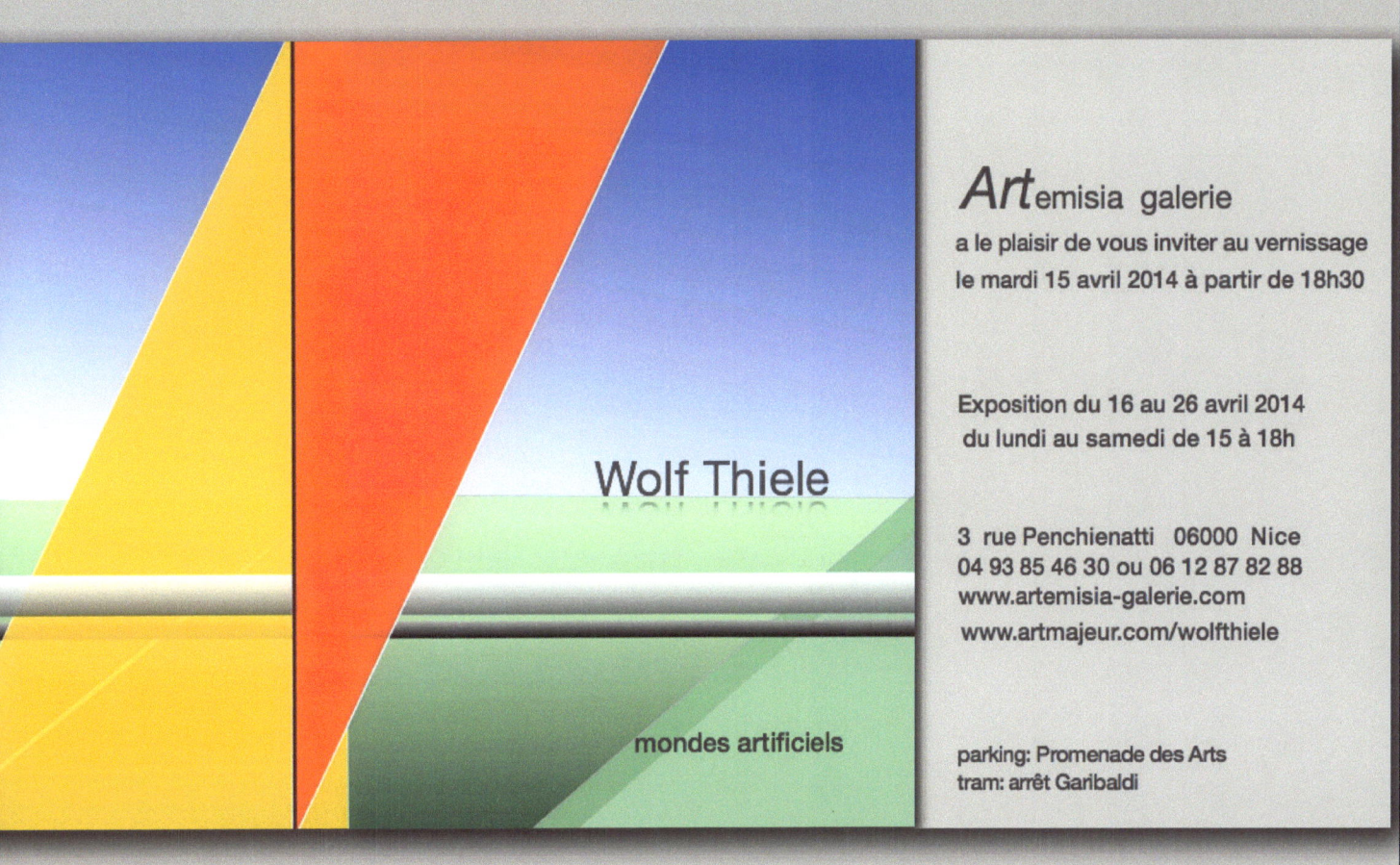

Wolf Thiele

mondes artificiels

*Art*emisia galerie
a le plaisir de vous inviter au vernissage
le mardi 15 avril 2014 à partir de 18h30

Exposition du 16 au 26 avril 2014
 du lundi au samedi de 15 à 18h

3 rue Penchienatti   06000 Nice
04 93 85 46 30 ou 06 12 87 82 88
www.artemisia-galerie.com
www.artmajeur.com/wolfthiele

parking: Promenade des Arts
tram: arrêt Garibaldi

Curriculum Vitae

Wolf Thiele, d'origine allemande, est un artiste-peintre et un sculpteur qui habite et travaille à Nice (Côte d'Azur) mais aussi à Hamburg.

Après avoir obtenu les diplômes universitaires d'ingénieur et d'informaticien, il suit une formation artistique.
C'est ce double aspect qui s'exprime dans ses travaux actuels en peinture et en sculpture qu'il réalise à partir du numérique et de la photographie.
Les œuvres de Wolf Thiele sont d'une part rigoureusement géométriques et minimalistes mais d'autre part poétiques et contemplatives. Sa peinture peut être rattachée soit au courant géométrique constructiviste, soit à l'art minimaliste. Il expérimente les effets des couleurs, formes, lignes, surfaces dans leur interaction et explore la subjectivité de la perception visuelle.
En règle générale, il part de formes géométriques simples. Il aime la rigueur formelle et le dépouillement de la géométrie, se ralliant ainsi à l'affirmation de Paul Klee: „La nature peut se permettre le gaspillage, l'artiste doit être économe."
L'analyse, la réduction et la variation sont des principes importants dans le travail de Thiele. C'est pourquoi les moyens numériques sont appropriés à la réalisation de ses esquisses, tableaux et sculptures.
Grâce à ses possibilités de combinaison simples, l'ordinateur permet de faire des recherches visuelles systématiques, aidant le peintre et sculpteur à se libérer des méthodes de travail traditionnelles. Il aboutit à des combinaisons de formes et de couleurs introuvables dans la nature ou même dans un musée: l'ordinateur contribue à faire des tableaux et sculptures d'un caractère nouveau.
Les tableaux „peints" sur l'écran sont réalisés à partir d'algorithmes mathématiques. Il sont ensuite imprimés sur une toile traditionnelle à l'aide d'une imprimante laser neuf couleurs, puis montés sur un cadre en bois.
Pour ses sculptures, élaborées d'abord sur ordinateur, l'artiste utilise de préférence le granit, le bois ou l'acier traité au laser.

Thiele est membre de IAA International Association of Art, Berlin et du Comité AIAP-UNESCO, Monaco.

Wolf Thiele lebt und arbeitet in Nizza, Côte d'Azur und in Hamburg.

Nach einem technischen Studium und nach intensiven Studium der Informatik verbindet er die künstlerische Ausbildung mit seiner technischen Orientierung. Sie prägt seine heutigen Arbeiten in der Malerei mit digitalen und fotografischen Mitteln und bei der Erschaffung von Skulpturen.

Die Werke des Künstlers Wolf Thiele sind teils streng geometrisch und minimalistisch, zum Teil poetisch, komplentativ. Man kann sie der abstrakten geometrisch konstruktiven Malerei zuordnen oder auch der minimal art. Thiele experimentiert mit der Wirkung von Farben, Formen, Linien und Flächen aufeinander, mit der Subjektivität der optischen Wahrnehmung.

Seine Arbeiten entstehen in der Regel aus einfachen geometrischen Formen. Er mag die formale Strenge und die Sparsamkeit der Geometrie und hält es mit Paul Klee: „ Die Natur kann sich Verschwendung erlauben, der Künstler muss ... sparsam sein".
Analyse, Reduktion und Variation sind wichtige Prinzipien seiner Arbeit, und deshalb sind digitale Medien für ihn geeignete Werkzeuge, um Skizzen, Bilder und Skulpturen zu entwickeln.
Dank seinen einfachen Kombinationsmöglichkeiten ermöglicht der Computer systematische visuelle Forschungen und hilft dem Maler und Bildhauer sich von bisherigen Arbeitsweisen zu befreien und Farb- und Formkombinationen zu finden, die man weder in der Natur, noch im Museum finden kann: er hilft, neuartige Bilder und Skulpturen herzustellen.
Seine am Bildschirm „gemalten" Bilder werden mittels mathematischer Algorithmen aufbereitet und mit einem neunfarbigem Laserdrucker auf traditioneller Leinwand erzeugt und auf Holzrahmen aufgezogen.
Für seine am Computer entwickelten Skulpturen bevorzugt Thiele insbesondere Granit, Holz oder laserbearbeiteten Stahl.

Er ist Mitglied der International Association of Art, Berlin et des Comité AIAP-UNESCO, Monaco.

Formation - Ausbildung

1998 - 2007 Cours d'art auprès Bodo Olthoff,École d'art, Aurich Ostfriesland, Allemagne
2007 - 2008 Cours volume et espace Villa Thiole, Nice, Côte d'Azur, France
2008 - 2009 Graphic Design,
2009 - 2013 Design, academie, croquis , auprès de Hubert Weibel ,Villa Thiole, Nice

Expositions personelles - Einzelausstellungen

2012 ARTemisia Galerie, Nice Cimiez „Exposition dans le jardin - nouvelles œuvres"
2012 ARTemisia Galerie Nice Côte d'Azur „ Mondes virtuels"
2014 „Mondes artificiels" ARTemisia Galerie, Nice

Expositions collectives - gemeinsame Ausstellungen

2003 Kunstverein Aurich, Ostfriesland, Allemagne
2003 ARTemisa Galerie , Nice, Côte d'Azur
2004, 2005, 2006 Kunstverein Aurich
2007 Kunstverein Aurich
2007 ARTemisia Galerie Nice, Côte d'Azur „La nature comme artiste"
2008 ARTemisai Galerie:„Le jardin secret"
2009 ARTemisia Galerie;et Villa Thiole „Au fil de temps en bas relief"
2009 ARTemisa Galerie: „Le rouge dans toutes ses états"
2009 ARTemisia Galerie: „Regard sur la photographie - la nature comme artiste 2"
2010 ARTemisia Galerie: „Le blanc est une couleur"
2010 ARTemisia Galerie:"Faire et défaire"
2011 ARTemisia Galerie: „Que nous laisse le XXième siècle"
2012 ARTemisia Galerie: "L'eau dans tous ses états"
2013 ARTemisia-Galerie L'air et le feu"
2013 Les Hivernales de Paris-Est Montreuil
2013 La Méditerranée au dessus au dessous, Artemisia-Galerie, Nice
2014 6ème Asian Art Expo, Pekin, Tianjin et Qixingjie á la Chine, Peking China
2014 Les Hivernales-Montreuil, 3e édition, Paris Est
2014 Exposition dans le Jardin Exotique de Monaco
2015 art expo NEW YORK

Liens internet

Site web - Webseite

http://www.artmajeur.com/wolfthiele/

http://www.artemisia-galerie.com

wolf.thiele@orange.fr

Videos

video de l'exposition „Sculptures dans le jardin" http://youtu.be/1VBZBXDeXRM 2012
video de l'exposition „Mondes virtuels"   http://youtu.be/8ntAwOQX0MQ 2012
video   „Mondes virtuels"   http://youtu.be/tLzf1UPKQec   2013
video: „Le blanc est une couleure"   http://youtu.be/T0FAmNdtN_8   2010
video: „La nature comme artiste"   http://youtu.be/g1gxgH-rngo   2008
video: „Mondes artificiels - Künstliche Welten   http://youtu.be/V48oEQGtf9c   2014

Catalogues - Kataloge

Wolf Thiele
mondes virtuels - Virtuelle Welten   ISBN-13: 978-1484041857
La nature comme artiste - Die Natur als Künstler   ISBN-13: 978-1490930053
Sculptures dans le jardin - Skulpturen im Garten   ISBN-10: 1490987339
Mondes artificiels - Künstliche Welten   ISBN-13: 978-1499191868

Impressum

Edition:

Artemisia-Galerie, Nice Côte d'Azur, France

3 rue penchienatti

06000 Nice

www.artemisia-galerie.com

Texte:

Wolf Thiele, Ulli Gardies, Danielle Botbol, Nice

Photos et Layout:

Ulli Gardies, Wolf Thiele

Production: ARTemisia-Galerie, Nice Côte d'Azur

2014